Bibliografische Information der Deutschen Nationalbibliothek:

Die Deutsche Bibliothek verzeichnet diese Publikation in der Deutschen National-
bibliografie; detaillierte bibliografische Daten sind im Internet über http://dnb.d-
nb.de/ abrufbar.

Impressum:

Copyright © 2008 GRIN Verlag
Druck und Bindung: Books on Demand GmbH, Norderstedt Germany
ISBN: 9783668707450

Dieses Buch bei GRIN:

https://www.grin.com/document/426725

Lena Meixner

Semantic Web im Kontext service-orientierter Architekturen

GRIN Verlag

Semantic Web im Kontext Service-orientierter Architekturen

Seminararbeit

BIT Institute

Forschungsgruppe Wirtschaftsinformatik

UNIVERSITÄT MANNHEIM

von

Lena Meixner

Mannheim

April 2008

Inhaltsverzeichnis

Abbildungsverzeichnis

Tabellenverzeichnis

Abkürzungsverzeichnis

BPEL	Business Process Execution Language
EAI	Enterprise Application Integration
HTML	Hypertext Markup Language
HTTP	Hypertext Transfer Protocol
IRI	Internationalized Resource Identifier
IRS	Internet Reasoning Service
METEOR	Managing End-To-End Operations
OWL	Web Ontology Language
RDF	Resource Description Framework
RDFS	RDF Schema
RDF(S)	RDF zusammen mit RDFS
SOA	Service-orientierte Architektur
SOAP	Simple Object Access Protocol
SPARQL	SPARQL Protocol and RDF Query Language
SWS	Semantic Web Services
SWSF	SWS Framework
SWSI	SWS Initiative
UDDI	Universal Description, Discovery and Integration
UML	Unified Modeling Language
UPML	Unified Problem Solving Method Development Language
URI	Uniform Resource Identifier
W3C	World Wide Web Consortium
WS	Web Service
WSDL	Web Service Description Language
WSML	Web Service Modeling Language
WSMO	Web Service Modeling Ontology
WSMX	Execution Environment
WWW	World Wide Web
XML	Extensible Markup Language
XSD	XML Schema Definition

1. Einleitung

Im Rahmen der vorliegenden Seminararbeit werden wesentliche Konzepte des Semantic Web vorgestellt. Zuerst sollen die Begriffe Semantic Web und Service-orientierte Architektur definiert und voneinander abgegrenzt werden. Danach werden technische Grundlagen, das heißt die Standards auf denen Semantic Web aufbaut, vorgestellt und erklärt. Anschließend soll der Zusammenhang mit Service-orientierten Architekturen hergestellt werden.

Dabei soll ein besonderes Augenmerk auf die verschiedenen Ansatzpunkte, die eine Service-orientierte Architektur im Hinblick auf Semantic Web bietet, gelegt werden, um anhand selbiger aktuelle Lösungsansätze aus der Forschung darzulegen.

Abschließend werden die durch die Auseinandersetzung mit der Thematik gewonnenen Erkenntnisse zusammenfassend erläutert.

Ziel der vorliegenden Arbeit wird es sein, einen allgemeinen Überblick der Grundlagen, Möglichkeiten und Potenziale des Semantic Web im Zusammenhang mit Service-orientierten Architekturen zu geben.

2. Begriffliche Abgrenzung und technologische Grundlagen

In diesem Kapitel sollen die Termini „Semantic Web" und „Service-orientierte Architektur" sowie die dem Semantic Web unterliegenden Konzepte und Technologien beschrieben und von einenander abgegrenzt werden.

2.1 Semantic Web

2001 veröffentlichten BERNERS-LEE et al. den Artikel „The Semantic Web: A New Form of Web Content That Is Meaningful to Computers Will Unleash a Revolution of New Possibilities" [Ber+01]. In diesem Artikel definierten die drei Autoren den Begriff des Semantic Web wie folgt [Ber+01, S. 1 f.]:

> „The Semantic Web is not a separate Web but an extension of the current one, in which information is given well-defined meaning, better enabling computers and people to work in cooperation."

Somit wird das Semantic Web als eine Erweiterung des World Wide Web (WWW) gesehen, um zum einen die Informationen des WWW mit Bedeutung zu versehen und zum anderen um die Zusammenarbeit zwischen Mensch und Computer zu vereinfachen. HITSCHLER et al. beschreiben dies ähnlich, legen den Schwerpunkt ihrer Definition des Semantic Web aber stärker auf Standards zur Informationsrepräsentation, sowie auf die durch das Semantic Web ermöglichte automatische Schlussfolgerung zur Erschließung impliziten Wissens [Hit+08, S. 13].

Abschließend sei noch auf die Definition von WEERAWARANA et al. verwiesen. Auch sie sehen das Semantic Web als Erweiterung des heutigen WWW, vor allem in Hinblick auf die Erweiterung um Techniken zur Informationssuche. Zusätzlich nennen diese noch den Vorteil der Repräsentation der Semantik strukturierter Daten, um diese für Maschinen verarbeitbar zu machen. Dies soll wiederum die automatische Transformation und das automatische Zusammenführen von Dokumenten in verschiedenen Formaten ermöglichen [Wee+05, S. 373].

2.2 SOA

Den Begriff der Service-orientierten Architektur führte die GARTNER GROUP wie folgt ein:

> „Essentially, SOA is a software architecture that builds a topology of interfaces, interface implementations and interface calls. SOA is a relationship of services and service consumers, both software modules large enough to represent a complete business function. Services are software modules that are accessed by name via interface, typically in request-reply mode. Service consumers are software that embeds a service interface proxy (the client representation of the interface)." zitiert nach [Masa07, S. 9].

SOA ist also eine Art von Softwarearchitektur, kein fertiges Softwareprodukt, basierend auf sogenannten Services, die eine Serviceplattform bilden. Die sogenannten *Service Consumers* können dabei sowohl andere Services als auch eine Schnittstelle für einen menschlichen Benutzer sein.

DOSTAL et al. definieren eine SOA folgendermaßen:

> "Unter einer SOA versteht man eine Systemarchitektur, die vielfältige, verschiedene und eventuell inkompatible Methoden oder Applikationen als wieder verwendbare und offen zugreifbare Dienste repräsentiert und dadurch eine plattform- und sprachenunabhängige Nutzung und Wiederverwendung ermöglicht" [Dos+05, S. 11].

In Abbildung 1 wird eine SOA als ein Tempel dargestellt. Als tragende Säulen findet man hier die Konzepte Verteiltheit, lose Kopplung, einen Verzeichnisdienst und die Prozess-Orientierung von Services, die verwendet werden, um einen Geschäftsprozess zu implementieren.

Diese Konzepte definieren sich im Kontext Service-orientierter Architekturen wie folgt [Dos+05, S. 9]:

Verteiltheit: Die verschiedenen Services können sich bei verschiedenen Service-Anbietern befinden.

Lose Kopplung: Dynamische Suche und Einbindung von Diensten durch Anwendungen oder andere Dienste zur Laufzeit.

Verzeichnisdienst: In diesem Verzeichnis werden zur Verfügung stehende Dienste registriert, um die Suche nach ihnen zu ermöglichen.

Prozess-Orientierung: Bei der Erstellung bzw. Einbindung von Services steht der Geschäftsprozess im Vordergrund. Das bedeutet, dass der Geschäftsprozess in einzelne Teilschritte zerlegt wird (Dekomposition), um diesen dann Web Services bzw. deren *Operations* zuzuordnen. Durch diese Zuordnung (Komposition) der Services erfolgt eine Abbildung des Geschäftsprozesses mittels Services.

Die Basis bilden dabei Einfachheit, Sicherheit und Standards, um eine einfache, einheitliche und sichere Anwendungsentwicklung zu ermöglichen.

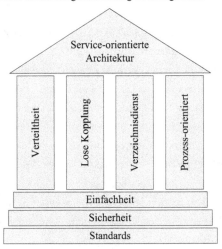

Abbildung 1: SOA-Tempel [Dos+05, S. 11]

Um die Charakteristika von SOA zu vervollständigen, ist noch hinzuzufügen, dass die Services (Dienste) „entweder von einer Unternehmenseinheit oder durch externe Partner erbracht" werden [StTi07, S.12].

Inwiefern nun genau das Semantic Web das Konzept der SOA erweitert bzw. verbessert, ist Thema des dritten Kapitels dieser Arbeit.

2.3 Grundlagentechnologien des Semantic Web

In diesem Kapitel erfolgt die Vorstellung der verschiedenen Grundlagentechnologien des Semantic Web. Dazu gehören RDF(S) und OWL, sogenannte Ontologiesprachen, die speziell für das Semantic Web entwickelt wurden, die RDF(S)-Anfragesprache SPARQL und Ontologien. Dies soll in erster Linie dazu dienen, den technischen Hintergrund für den Leser zu schaffen, um darauf aufbauend in Kapitel 3 den Bezug zwischen Semantic Web und SOA deutlich herausarbeiten zu können.

2.3.1 Ontologien

Der Begriff der Ontologie wurde im 19. Jahrhundert vom deutschen Philosophen GOCKEL eingeführt, um das Studium des *Seins* vom Studium der verschiedenen Arten in den Naturwissenschaften abzugrenzen [Bre+07, S. 20].

BREITMANN et al. nennen als meist zitierte Definition des Begriffs der Ontologie in Bezug auf Semantic Web die Definition von GRUBER, 1993:

„An ontology is a formal, explicit specification of a shared conceptualization", zitiert nach [Bre+07, S. 20].

STARKE und TILKOV interpretieren dies als „formalisierte und explizite gemeinsame Begrifflichkeit" [StTi07, S. 470] und vergleichen den Begriff der Ontologie mit den Begriffen „Glossar" und „Sprachgebrauch".

HITSCHLER et al. bezeichnen den Begriff der Ontologie hingegen als Äquivalent zum Begriff Wissensbasis, welche das in einer Anwendungsdomäne enthaltene Wissen modelliere [Hit+08, S. 12].

BERNERS-LEE et al. definieren ähnlich: „[...] an ontology is a document or file that formally defines the relations among terms." [Ber+01, S. 3].

Als am weitesten verbreitete Form einer Ontologie nennen sowohl BERNERS-LEE et al. als auch WICHMANN die Taxonomie [Ber+01, S. 3], [Wich07, S. 46].

Taxonomien klassifizieren Begriffe hierarchisch [Bre+07, S. 20]. Dies kann man sich als eine Art Baumstruktur vorstellen, da es nur sogenannte *Vater-Sohn-Beziehungen* gibt, auch *Generalisierungs-, is-a-* oder *type-of*-Beziehung genannt. Taxonomien erlauben, im Gegensatz zu allgemeinen Ontologien, die man verglichen mit der Baumstruktur einer Taxonomie als *Wissensnetz* sehen kann, keine Zuordnung von Attributen zu den

Begriffen. Folglich kann keine Taxonomie verwendet werden, wenn man eine Zuordnung von Attributen zu Begriffen vornehmen muss [Bre+07, S. 20].

Die am weitesten verbreiteten Sprachen zur Beschreibung von Ontologien sind das Resource Description Framework (RDF) bzw. dessen Erweiterung RDF Schema (RDFS), sowie die Web Ontology Language (OWL), welche im Folgenden näher erläutert werden sollen.

2.3.2 RDF und RDFS

Die eXtensible Markup Language (XML), definiert vom World Wide Web Consortium (W3C), bietet die Möglichkeit, den Daten eine einheitliche und flexible Struktur zu verleihen. Dabei ist die Bedeutung aber nach wie vor nur vom Menschen interpretierbar bzw. nicht maschinenlesbar [Birk06, S.80].

Zur Kombination und Weiterverarbeitung von in Dokumenten enthaltenen Informationen, existiert das vom W3C spezifizierte Darstellungsformat RDF [Hit+08, S.35].

Da laut W3C XML die grundlegende Basis des WWW ist, ist eine Serialisierung von XML nach RDF möglich, was wiederum die Integration von RDF ins WWW ermöglicht [Birk06, S. 81]. Dies sei an dieser Stelle erwähnt, um den Zusammenhang zwischen RDF und XML zu verdeutlichen.

Sowohl RDF als auch RDFS basieren auf Grafstrukturen, welche wiederum aus sogenannten Tripeln bestehen. Diese Tripel enthalten jeweils ein Subjekt, Prädikat und Objekt, welche im Wesentlichen die Kanten eines RDF-Grafen beschreiben [Hit+08, S. 40]. Abbildung 2 zeigt einen exemplarischen RDF-Grafen:

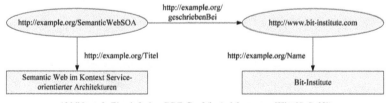

Abbildung 2: Ein einfacher RDF-Graf (in Anlehnung an [Hit+08, S. 39])

In der oben genannten Abbildung wird ein Tripel dargestellt, welches folgende Elemente enthält: Subjekt (http://example.org/SemanticWebSOA), Prädikat (http://example.org/ geschriebenBei) und Objekt (http://www.bit-institute.com).

Objekte und Subjekte (auch Ressourcen genannt) werden also immer durch Ovale dargestellt und das Prädikat, welches die beiden verbindet, als gerichtete Kante. Weiterhin verwendet man Rechtecke, um einfache Literale, also Namen, darzustellen, die wiederum (nur) Objekte darstellen können [Hit+08, S. 39].

Zur eindeutigen Namensgebung von Subjekten, Prädikaten und Objekten werden sogenannte *Uniform Resource Identifier*s (URI) eingesetzt. Diese können sowohl abstrakte als auch physische Ressourcen referenzieren [Hit+08, S. 26].

Anzumerken ist an dieser Stelle, dass RDF und RDFS wie schon erwähnt Daten graforientiert darstellen und sich daher nicht für die Darstellung von Taxonomien eignen. Dies kommt daher, dass RDF „für die Beschreibung von allgemeinen Beziehungen zwischen Ressourcen" entwickelt wurde [Hit+08, S. 37].

In RDF gibt es auch noch fortgeschrittene Ausdrucksmittel, wie z. B. mehrwertige Beziehungen, leere Knoten und Listen. Da dies den Rahmen der vorliegenden Arbeit sprengen würde, sei an dieser Stelle auf weiterführende Literatur, beispielsweise [Hit+08] oder die zentrale Webseite des W3C [Worl04], verwiesen.

Als grundlegender Unterschied zwischen RDF und RDFS wird die Möglichkeit genannt mit Hilfe von RDFS Klassen in RDF, Subklassen von Klassen zu definieren sowie die Zuordnung von Werte- und Gültigkeitsbereichen, was als grundlegend für den Aufbau von Taxonomien bzw. Ontologien gesehen wird [Birk06, S. 82].

RDF und RDFS sind also nicht getrennt zu betrachten und werden zusammen als RDF(S) bezeichnet.

2.3.3 OWL

OWL steht für Web Ontology Language und wurde 2004 vom W3C als Ontologiesprache standardisiert [McG+04]. Als Schlüsselrolle bei der Spezifizierung des Standards nennen HITSCHLER et al. das Gleichgewicht zwischen Ausdrucksstärke und effizientem Schlussfolgern, da diese beiden Eigenschaften sich in der Regel konträr zueinander verhalten [Hit+08, S. 125].

Als grundlegenden Unterschied zu RDF bzw. RDFS nennt KLEIN „bessere

Schlussfolgerungsoperationen wie Konsistenzprüfung und automatische Klassifizierung" des OWL, um so die „weltweit verteilte Entwicklung größerer Ontologien [zu] ermöglichen" [Klei06, S. 33 f.].

Es existieren dabei drei Teilsprachen von OWL: OWL Full, OWL DL und OWL Lite. Diese unterscheiden sich in erster Linie in der Ausdrucksstärke. Weitere Unterschiede bzw. Vor- und Nachteile sind in Tabelle 1 ersichtlich.

	OWL Full	OWL DL	OWL Lite
Enthält	OWL DL, OWL Lite, RDFS	OWL Lite	-
Ist Teilsprache von	-	OWL Full	OWL DL, OWL Full
Ausdrucksstärke	Sehr ausdrucksstark	Mittlere Ausdrucksstärke	Weniger ausdrucksstark
Entscheidbarkeit	Unentscheidbar	Entscheidbar	Entscheidbar
Komplexität	-	NExpTime (worst-case)	ExpTime (worst-case)
Unterstützung durch Software	Nur bedingte Unterstützung	Fast vollständige Unterstützung	-
Sonstiges	Semantik enthält einige Aspekte, die aus logischem Blickwinkel problematisch sind	-	-

Tabelle 1: Die drei Teilsprachen von OWL (in Anlehnung an [Hit08, S. 127])

Abschließend sei angemerkt, dass KLEIN die„Modellierungen realer Anwendungsgebiete (sind) in OWL aufgrund der beschreibungslogischen Grundlage [als] schwierig" bezeichnet [Klei06, S. 36].

2.3.4 SPARQL

SPARQL ist ein sogenanntes rekursives Akronym und steht für SPARQL Protocol and RDF Query Language. Diese Anfragesprache wurde am 15. Januar 2008 endgültig vom W3C als Recommendation freigegeben [PrSe08].

Als Kern dieser Anfragesprache nennt HITSCHLER einfache RDF-Anfragen. Weiterhin nennt er „erweiterte Funktionen für die Konstruktion komplexerer Anfragemuster, für die Verwendung zusätzlicher Filterbedingungen und für die Formatierung der Ausgabe" [Hit+08, S. 202].

3. Semantic Web und Service-orientierte Architekturen

Im Folgenden sollen nun die Bezüge zwischen Semantic Web und SOA deutlich gemacht werden. Zunächst soll der Begriff der sogenannten *Unternehmensontologien* eingeführt werden, um dann zu klären, inwiefern diese einen Mehrwert in Bezug auf SOA erbringen können. Danach erfolgt die Abgrenzung des potenziellen Nutzens von (Software-) Agenten im SOA Kontext. Zuletzt werden die im Zusammenhang zwischen Semantic Web und SOA immer häufiger genannten *Semantic Web Services* (SWS) dargestellt und deren Bedeutung bzw. Mehrwert im Vergleich zu Web Services im Allgemeinen erläutert.

3.1 Unternehmensontologien

Wie bereits in Kapitel 2.3.1 eingeführt, kann man eine Ontologie als „formalisierte und explizite gemeinsame Begrifflichkeit" und mit den Begriffen Glossar und Sprachgebrauch bezeichnen [StTi07, S. 478].

STARKE und TILKOV machen deutlich, warum ein Unternehmen eine Unternehmensontologie benötigt: Durch eine explizite Darstellung von gemeinsamen Begrifflichkeiten soll nicht nur eine größere Begriffsschärfe erzwungen, sondern auch Maschinenlesbarkeit, durch Formalisierung der Ontologie in einer Ontologiesprache, ermöglicht werden [StTi07, S. 478]. Dadurch wird es möglich, dass Geschäftsprozesse einer SOA Begrifflichkeiten der Ontologie verwenden können, um beispielsweise semantische Regeln in Geschäftsprozessen zu verwenden, siehe Abbildung 3. Weitere Elemente von Abbildung 3, beispielsweise Agenten und Komposition, werden in den folgenden Kapiteln (3.2 Agenten, bzw. 3.3 Semantic Web Services) näher erläutert.

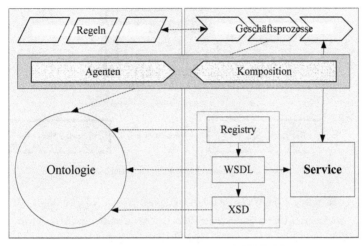

Abbildung 3: Semantik und SOA [StTi07, S. 479]

Weiterhin gibt es noch eine andere Form, um Unternehmensontologien zu nutzen: Die des sogenannten *Semantic Matchmaking*. Ziel dabei ist, bei der (dynamischen) Suche nach Web Services, syntaktisch verschiedene Begriffe bezüglich ihrer Semantik zu vergleichen. Ein Ontologie-basierter Matchmaker besteht dabei aus drei Komponenten: den (Unternehmens-)Ontologien, dem Hintergrundwissen einer Domäne, um zusätzliches Wissen über verwendete Begriffe zu generieren, und den Regeln für das Matchmaking [Tan+03, S. 8]. Anhand dieser Komponenten können Unternehmensontologien für die Suche nach Web Services genutzt werden, um eine semantische Übereinstimmung von gewünschten und gefundenen Web Services zu finden. In Abbildung 4 ist zu sehen, an welcher Stelle ein Semantic Matchmaker zum Einsatz kommt: Der (um Semantik angereicherte) Eintrag des Service Providers und die (auch um Semantik angereicherte) Suchanfrage des Service Requestors werden im Service-Verzeichnis nicht mehr syntaktisch sondern vom Semantic Matchmaker semantisch aufeinander abgestimmt. Wie Eintrag und Suchanfrage sowie der Semantic Matchmaker genau funktionieren, hängt dabei im Wesentlichen vom verwendeten Framework ab.

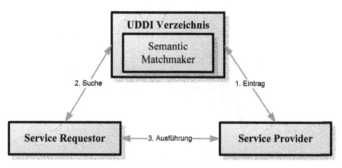

Abbildung 4: Semantic Matchmaker (in Anlehnung an [Syc+03, S. 4])

Um entlang einer Wertschöpfungskette (Supply Chain) oder innerhalb verschiedener Werke eines Unternehmens unternehmens- bzw. werksübergreifend Geschäftsprozesse modellieren und verwenden zu können, ist es in diesem Zusammenhang in der Regel erforderlich, Ontologien einheitlich zu konstruieren bzw. zusammenzuführen. An dieser Stelle kommen die Begriffe *Ontology Evolution, Ontology Alignment, Ontology Integration* und *Ontology Translation* ins Spiel.

Da eine genaue Erörterung dieser Vorgehensweise zur Zusammenführung verschiedener Ontologien den Rahmen dieser Arbeit sprengen würde, wird im Folgenden auf weiterführende, aktuelle Forschungsarbeiten verwiesen:

LEENHEER und MENS beschreiben in [LeMe08, S. 132 ff.] übersichtsartig aktuelle Modelle und Mechanismen zu Entstehung bzw. Management von Ontologien (Ontology Evolution). Dabei werden unter anderem Aspekte der Dynamik, der Kontext-abhängigkeit und der Gemeinschaftlichkeit bzw. Verteiltheit des *Ontology Engineering* näher beleuchtet.

LEE et al. beschreiben in [Lee+06, S. 205 ff.] eine sogenannte Ontologie-Architektur zur Integration von Ontologien. Ziel ist dabei, die Integration bestehender Ontologien effizient durchzuführen.

Einen anderen Ansatz, um automatisiert Vorschläge für Strategien zur Angleichung verschiedener Ontologien zu generieren, stellen TAN und LAMBRIX in [TaLa06, S. 494 ff.] vor.

Zur Anwendung der Ontology-Translation beschreiben RESSLER et al. ein Werkzeug zur

vereinfachten Entwicklung von Regeln für Ontology Translation [Res+07, S. 830 ff.].
Abschließend sei angemerkt, dass vor allem im Fall der Zusammenführung
verschiedener Ontologien von Unternehmen einer Supply Chain auch noch andere
Probleme als die der technischen Realisierbarkeit ins Spiel kommen. Unter anderem
stellt sich die Frage, wer sich hier an wen anpasst bzw. warum ein Unternehmen
überhaupt seine Unternehmensontologie an die eines anderen Unternehmens anpassen
sollte. Da die Unternehmen einer Supply Chain in der Regel weitgehend autonom sind,
bleibt die Frage, wer solch eine arbeitsintensive Anpassung veranlassen kann. Doch dies
ist nicht das Thema dieser Arbeit und wird daher an dieser Stelle nicht weiter vertieft.

3.2 Agenten

STARKE und TILKOV definieren „Agenten" allgemein als „Akteure (Menschen oder
Maschinen), welche die Wissensrepräsentation lesen und ihre Schlussfolgerungen
ziehen" [StTi07, S.470].

Bezogen auf Semantic Web beschreiben BERNERS-LEE et al. „Agenten" als Programme,
die gewünschte Inhalte des WWW aus verschiedenen Quellen sammeln, verarbeiten und
die Ergebnisse mit anderen Programmen, das heißt (Software-) Agenten, austauschen
[Ber+01, S. 4].

Ähnlich beschreiben auch BREITMANN et al. (Software-) Agenten. Sie räumen jedoch
ein, dass sie kein Ersatz für Menschen sein könnten, da diese letzten Endes immer noch
verantwortlich für das Fällen wichtiger Entscheidungen bzgl. der durch die Agenten
gewonnenen Informationen seien [Bre+07, S. 10 f.].

Web Services, die meist verwendet werden, um in einer SOA Dienste bereitzustellen,
weisen in der Regel verschiedene Limitierungen auf [KoLe06, S. 1 f.]:

- Ein Web Service kennt sozusagen nur sich selbst. Er "weiß" nichts über seine
  Benutzer.

- Web Services sind nicht dafür geeignet, Ontologien zu verwenden oder mit
  einem "Client" (ein Benutzer oder anderer Web Service) gemeinsam Ontologien
  abzustimmen.

- Web Services verhalten sich passiv, solange bis sie aufgerufen werden. Sie
  können keine Alarme oder Aktualisierungen veranlassen, wenn neue
  Informationen verfügbar sind.

- Web Services kooperieren nicht von sich aus mit anderen Web Services, obwohl sie von externen Systemen komponiert werden können.

Demgegenüber können Agenten autonom handeln und gemeinsam versuchen ein Ziel zu erreichen [Klei06, S. 83]. KLEIN nennt in diesem Zusammenhang auch Multi-Agenten-Systeme, welche aus mehreren, kooperierenden Agenten bestehen, um Aufgaben kooperativ zu meistern [Klei06, S. 83].

KONÉ und LEMIRE sehen daher Agenten als Web Services der nächsten Generation, die mit Hilfe des Semantic Web die oben genannten Probleme lösen können [KoLe06, S. 2]. Da eine genaue Ausführung derzeitiger Agentensysteme im SOA-Kontext den Rahmen dieser Arbeit sprengen würde, soll hier nur Abbildung 3 noch einmal aufgegriffen werden. In dieser Abbildung fungieren Agenten zusammen mit der SOA-Komposition (Orchestrierung oder Choreografie von Web Services) als die den Web Services übergeordnete Instanz, um „[...] Geschäftsprozesse und Services den Regeln entsprechend einander zuzuordnen" [StTi07, S. 479].

Eine tiefer gehende Diskussion der Rolle von Agenten im Sinne von Web Services der nächsten Generation und deren Vorteile findet sich in [KoLe06].

[Klei06, S. 83 ff.] stellt Forschungsansätze bzgl. Multi-Agenten-Systeme übersichtsartig dar.

Zuletzt sei noch auf [Bre+07, S. 219 ff.] verwiesen: Hier werden verschiedene Arten von Agenten als Übersicht dargestellt, eine Agenten-Architektur vorgestellt, sowie der Zusammenhang zwischen Ontologien und Agenten im Kontext des Semantic Web erläutert.

3.3 Semantic Web Services

Im Folgenden soll ein Überblick über die am weitestgehenden erforschte Verbindung von Semantic Web und SOA gegeben werden: Semantic Web Services. Zunächst soll kurz der Begriff der Web Services erläutert werden, um dann als Motivation auf deren Schwachstellen einzugehen. Danach sollen verschiedene Forschungsansätze zur Anreicherung von Web Services mit Semantik dargestellt werden.

3.3.1 Definition Web Services

Eine Definition des W3C des Begriffs Web Services (WS) lautet:

„A Web Service is a software system designed to support interoperable machine-to-machine interaction over a network. It has an interface described in a machine-processable format (specifically WSDL). Other systems interact with the Web Service in a manner prescribed by its description using SOAP messages, typically conveyed using HTTP with an XML serialization in conjunction with other Web-related standards" zitiert nach [FiWe07, S. 19].

Dieses Zusammenspiel ist in Abbildung 5 zu sehen:

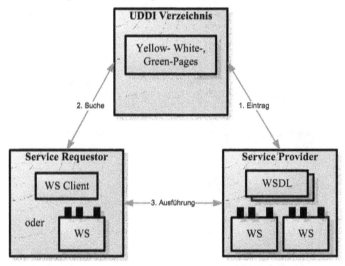

Abbildung 5: Web Services im SOA-Kontext (in Anlehnung an [PeRi05, S.2])

Der Service Provider stellt seine Web Services in Form von Web Service Description Language (WSDL)-Beschreibungsdokumenten bereit und trägt diese in ein zentrales Verzeichnis ein. Dieses wird hier als Universal Description, Discovery and Integration (UDDI)-Verzeichnis dargestellt. Ein Service Requester, der ein Client oder auch ein anderer Web Service sein kann, kann auf diese bereitgestellten Informationen zugreifen. Anhand der bereitgestellten Beschreibung wird auch die Kommunikationsart bzgl. der

Services festgelegt, so dass der Requester diese direkt beim Provider ausführen kann [ReSt04, S.2].

Aber aus welchem Grund sind Web Services als solche nicht genug, bzw. wieso sollen nun **Semantic** Web Services die nächste Generation von Web Services werden?

3.3.2 Mögliche Verbesserungen durch Semantic Web Services

Bisher wurden Grundlagentechnologien des WWW und des Semantic Web eingeführt, sowie der Begriff der Web Services. Wie man in Abbildung 6 sehen kann, fehlt nun nur noch der letzte Schritt: Semantic Web Services. Diese stehen dabei für Automatisierung von Entdeckung, Auswahl, Komposition und Inkraftsetzung passender Services, was durch die Maschinenverarbeitbarkeit der Services ermöglicht werden soll [Fen+07, S. 50].

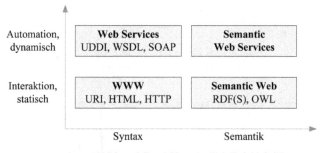

Abbildung 6: Entwicklung des Web [ReSt04, S. 24]

Die Idee der Semantic Web Services ist dabei, Web Services mittels expliziter, maschinen-interpretierbarer Semantik zu beschreiben und mit Anmerkungen zu versehen. Dies soll wiederum die automatisierte Auffindung, Kombination und Verwendung von Web Services ermöglichen. Die Zahl der Interventionen in Form eines menschlichen Nutzers soll also minimiert werden, was man auch mit dem Begriff „Intelligente Web Services" umschreiben kann [Fen+07, S. 51].

Weiterhin wird erwartet, dass die Verwendung maschinen-interpretierbarer Beschreibungen von Web Services großen Einfluss in den Bereichen E-Commerce und Enterprise Application Integration (EAI) haben wird, da diese eine dynamische und skalierbare Kooperation zwischen verschiedenen Systemen und Organisationen ermöglichen soll [Fen+07, S. 51].

Zur Ermöglichung dieser potenziellen Vorteile von Semantic Web Services gegenüber „herkömmlichen" Web Services gibt es verschiedene Ansätze. Diese werden im Folgenden näher erläutert.

3.3.3 WSMO, WSML und WSMX

Um eine Basis für Semantic Web Services bereitzustellen, benötigt man ein Framework mit drei funktionalen Schichten: ein konzeptuelles Modell, eine formale Sprache zur Beschreibung von Syntax und Semantik für das konzeptuelle Modell und eine Ausführungsumgebung, die die einzelnen Komponenten einbindet. Diese verwenden die dabei oben genannte formale Sprache, um verschiedene Aufgaben zu bewältigen [Rom+06, S. 516 f.].

Ein solches Framework existiert bereits und besteht aus den Standards Web Service Modeling Ontology (WSMO), Web Service Modeling Language (WSML) und Web Service Execution Environment (WSMX) [Rom+06, S. 517].

Laut ROMAN et al. stellt WSMO dabei ein konzeptuelles Modell für die Strukturierung sogenannter semantischer Annotationen von Web Services bereit und definiert ontologische Spezifikationen für die zentralen Elemente von Semantic Web Services.

Die Design-Prinzipien, auf welchen WSMO basiert, sind in Tabelle 2 dargestellt.

Design-Prinzipien	Bedeutung
Web Compliance	Adaptierung der grundlegenden Konzepte URI, namespaces und XML
Ontologie-basiert	Verwendung von Ontologien als Datenmodell, vor allem bzgl. Ressourcenbeschreibungen und ausgetauschter Daten bei der Verwendung von Services
Strikte Entkopplung	Jede Ressource wird unabhängig von ihrer möglichen Verwendung oder Interaktion spezifiziert
Zentralität der Vermittlung	Sicherstellung der Behandlung von Heterogenitäten des WWW
Ontologische Rollenseparierung	Differenzierung zwischen den Bedürfnissen von Nutzern oder Clients und verfügbaren Web Services auf Basis von Ontologien
Beschreibung versus Implementierung	Differenzierung zwischen Beschreibung von Semantic Web Services Elementen und ausführbaren Technologien (Implementierung)
Ausführbare Semantik	Bereitstellung der technischen Realisierung von WSMO durch WSMX
Service versus Web Service	WSMO ermöglicht die Beschreibung von Web Services, die den Zugriff auf Services ermöglichen

Tabelle 2: Design-Prinzipien von WSMO (in Anlehnung an [Fen+07, S. 57 f.])

Zur tiefer gehenden Beschäftigung mit WSMO sei an dieser Stelle auf die WSMO Webseite verwiesen [Dim+04].

WSML besteht aus mehreren Varianten, die sich in logischer Ausdruckskraft und dem zugrundeliegenden Sprachparadigma unterscheiden: WSML-Core, WSML-DL, WSML-Flight, WSML-Rule und WSML-Full. WSML-Core entspricht dabei der geringsten und WSML-Full der höchsten logischen Ausdruckskraft [Rom+06, S.519]. WSML hat dabei, im Unterschied zu anderen Modellierungssprachen für Semantic Web bzw. Semantic Web Services, eine für Menschen lesbare Syntax, die zwischen konzeptueller und logischer Syntax unterscheidet. Durch die Verwendung von Internationalized Resource Identifiers (IRIs) (Nachfolger von URIs) und der Verwendung von XML und RDF basiert WSML auf den Prinzipien des Semantic Web und erlaubt eine nahtlose Integration mit anderen Sprachen und Anwendungen des Semantic Web [Fen+07, S. 99].

Zuletzt soll noch auf die letzte Komponente des eingangs erwähnten Frameworks für Semantic Web Services eingegangen werden: WSMX, eine Ausführungsumgebung, die Entdeckung, Auswahl, Vermittlung, Komposition und Aufrufung von Semantic Web Services ermöglichen soll. Dabei können die von WSMX bereitgestellten Funktionalitäten in zwei Kategorien unterteilt werden: Zum einen die Funktionalität, um Operationen auf Semantic Web Services zu ermöglichen (z.B. Entdeckung oder Aufrufung), zum anderen die zusätzliche Funktionalität der vom Framework kommenden *Enterprise System Features* [Rom+06, S. 520].

Weiterhin gibt es zwei mögliche Zugangspunkte zur Nutzung der WSMX-Umgebung: Die Einwegausführung zur Realisierung eines Ziels ohne Rückmeldung und die Webdienstfindung, die Daten für den Zugriff auf einen Webdienst zurückgibt [Klei06, S. 66].

3.3.4 OWL-S

OWL-S ist eine OWL-Service-Ontologie zur Beschreibung verschiedener Aspekte von Web Services [Fen+07, S. 101]. Ziel ist es, die Automatisierung der Dienstnutzung im Semantic Web zu ermöglichen [Klei06, S. 43].

Dabei basiert OWL-S, verglichen mit WSDL, auf drei wesentlichen Erweiterungen: auf den Ideen des Semantic Web, der aspektorientierten Softwareentwicklung und schließlich auf dem Bereich der Agententechnologie [Klei06, S. 43].

Die Ontologie selbst definiert das übergeordnete Konzept „Service" und drei OWL-S-Subontologien: „Service Profile", „Service Model" und „Service Grounding", wie in Abbildung 7 dargestellt. Das ServiceProfile beschreibt dabei, welche Leistung ein Dienst erbringen kann, das ServiceModel hingegen den Ablauf, der bei Verwendung der beschriebenen Leistung ausgeführt werden muss und das ServiceGrounding schließlich, wie der Service technisch in Anspruch genommen werden kann.

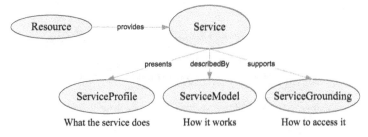

Abbildung 7: Konzeptuelles Modell von OWL-S [Fen+07, S. 102]

BREITMANN et al. beschreiben dies in [Bre+07, S. 135 ff.] mit vielen Codebeispielen und einem ausführlichen Bespiel zu OWL-S anhand eines Öl-Unglücks [Bre+07, S. 143 ff.].

POLLERES et al. bieten mit [Pol+06, S. 513 ff.] eine etwas knappere Übersicht über OWL-S. Zum Schluss sei noch auf die offizielle Webseite des W3C verwiesen [Mart04].

3.3.5 WSDL-S

WSDL-S ist ein Mechanismus, um Web Service Beschreibungen in WSDL mit Semantik anzureichern, was durch Hinzufügen von sogenannten „Annotation Tags" zum XML-Schema von WSDL umgesetzt wird. Damit können Inputs, Outputs und Operations eines Web Services semantisch beschrieben werden, sowie eine Service-Kategorie einer extern definierten Ontologie spezifiziert werden [Fen+07, S. 107], vgl. Abbildung 8.

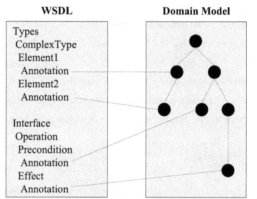

Abbildung 8: Verbindung zw. WSDL und Domain Model [Fen+07, S. 107]

Dabei stehen folgende Prinzipien im Vordergrund [Klei06, S. 78]:

- Verwendung von bereits existierenden Standards, zur Erleichterung des Einstiegs und der Verbreitung der Sprache

- Unabhängigkeit von bestimmten Ontologiesprachen zur Erhöhung der Flexibilität und der Wiederverwendbarkeit bereits bestehender Domänenonotologien

- Ausdrucksstarke Abbildungsoperationen zur Verknüpfung von Konzepten innerhalb eines WSDL-Dokuments.

Dabei legt WSDL-S keinen speziellen Formalismus für semantische Beschreibungen fest. Die Unified Modeling Language (UML), OWL und WSML sind mögliche, adaptierbare Formalismen. Allerdings ist WSDL als Service-Technologie per Definition festgelegt [Fen+07, S. 108].

Zur weitergehenden Beschäftigung mit WSDL-S sei an dieser Stelle auf die offizielle Webseite des W3C [Akk+05] verwiesen.

3.3.6 Andere Ansätze zur Unterstützung von Semantic Web Services

Das Semantic Web Services Framework (SWSF) ist ein weiterer Ansatz zur Anreicherung von Web Services mit Semantik. Dabei basiert es hauptsächlich auf zwei Komponenten: einem konzeptionellen Modell (in Form einer Ontologie) und einer Sprache zur Beschreibung des Konzepts eines Web Services [Fen+07, S. 104 f.].

Im September 2005 wurde es beim W3C von der Semantic Web Services Initiative (SWSI) eingereicht, welche bereits im Mai 2005 die erste Version des Semantic Web Services Framework vorstellte [Klei06, S. 75 ff.].

Auch an dieser Stelle sei auf die offizielle Webseite des W3C verwiesen [Bat+05].

Das Managing End-To-End Operations (METEOR)-Projekt des LSDIS Lab der Universität Georgia ist ein Ansatz, der seinen Schwerpunkt auf Workflow Management-Techniken legt. In Zusammenhang mit Semantic Web beinhaltet dieses Projekt Workflow Management für Semantic Web Services (METEOR-S) [Raj+05, S. 58]. Als wichtigsten Aspekt des Teilprojekts METEOR-S nennen RAJASEKARAN et al. die Verwendung von Semantik für den Lebenszyklus eines Semantic Web Prozesses, welcher komplizierte Interaktionen zwischen Semantic Web Services beinhalte [Raj+05, S. 58]. Als Referenz auf eine detaillierte Erklärung der konzeptionellen Grundlagen von METEOR-S wird von den Autoren [ShSe03] genannt.

Als letzter Ansatz zur Realisierung von Semantic Web Services sei noch das Internet Reasoning Service (IRS)-III-Projekt genannt. IRS-III ist Framework und Plattform, unter Benutzung von WSMO, zur Entwicklung von Semantic Web Services [Dom+05, S. 1]. Dieses Framework wird an der Open University in Milton Keynes weiterentwickelt und liefert eine Infrastruktur zur Veröffentlichung, Auffindung, Ausführung und Komposition von Semantic Web Services [Klei06, S. 77]. Neben WSMO basiert das Framework auf der Unified Problem Solving Method Development Language (UPML), welche als Modellierungssprache dienen soll [Klei06, S. 77].

Zur weiteren Beschäftigung mit IRS-III sei an dieser Stelle auf die offizielle Webseite des Knowledge Media Institute, das zur Open University, Milton Keynes gehört, verwiesen [Know04].

4. Abschließende Bemerkung

Im vorliegenden Kapitel sollen die Ergebnisse dieser Arbeit zusammengefasst werden. Nach einigen einleitenden Worten im ersten Kapitel, beschäftigte sich das zweite Kapitel mit der begrifflichen Abgrenzung der Begriffe Semantic Web und Service-orientierte Architektur, sowie mit den technologischen Grundlagen des Semantic Web. Ziel war es dabei, für den Leser einen Hintergrund für Kapitel 3, Semantic Web und Service-orientierte Architekturen, zu schaffen. In diesem wurden dann schließlich mögliche Anwendungsfelder des Semantic Web in Bezug auf Service-orientierte Architekturen erläutert. Dies waren im Einzelnen Unternehmensontologien, (Software-) Agenten und Semantic Web Services.

Dabei stellte sich jedoch heraus, dass in erster Linie Konzepte zur Anreicherung von Web Services mit Semantik existieren, was an der zu diesem Thema vorliegenden, sehr umfangreichen Literatur zu sehen war. In den beiden anderen Bereichen jedoch gibt es bisher noch recht wenig Ergebnisse aus der Forschung. Zum Thema Unternehmensontologien sind in erster Linie allgemeine Vorschläge zum Umgang (z.B. Entwicklung oder Zusammenführung) mit Ontologien vorhanden. Zum Thema (Software-)Agenten gibt es zwar einige Ideen und Ansätze, aber auch hier sind umfassende Forschungsberichte oder ausgereifte Frameworks rar gesät.

Zum Thema Semantic Web Services wurden einige, relativ bekannte, Ansätze vorgestellt. Welcher Ansatz sich dabei in Zukunft durchsetzen wird, ist noch unklar. Für die Kombination von WSMO, WSML, WSMX stehen die Chancen jedoch recht gut, da diese als das am meisten ganzheitliche und flexible Framework gesehen werden kann.

Dennoch ist ungewiss, wie die Zukunft in diesem Bereich aussehen wird. Es ist jedoch zu erwarten, dass die Entwicklung der eingesetzten Technologien bzw. Standards stark von den zukünftigen wirtschaftlichen und rechtlichen Anforderungen abhängen wird.

Literaturverzeichnis

[Ber+01]

BERNERS-LEE, Tim; et al.: *The Semantic Web: A new form of Web content that is meaningful to computers will unleash a revolution of new possibilities.* In: *Scientific American Magazine* (2001), Nr. 5, S. 34-43

[Bre+07]

BREITMANN, Karin K.; et al.: *Semantic Web: Concepts, Technologies and Applications.* 1. Auflage. London: Springer-Verlag, 2007

[Birk06]

BIRKENBIHL, Klaus: *Standards für das Semantic Web.* In: PELLEGRINI, Tassilo; BLUMAUER, A. (Hrsg.): *Semantic Web: Wege zur vernetzten Wissensgesellschaft.* Berlin: Springer-Verlag, 2006, S. 73-88

[Dom+05]

DOMINGUE, John; et al.: *Choreography in IRS III Coping with Heterogeneous Interaction Patterns in Web Services.* In: GIL, Yolanda; et al.: *The Semantic Web - ISWC 2005.* Berlin: Springer-Verlag, 2005, S. 171-185

[Dos+05]

DOSTAL, Wolfgang; et al.: *Service-orientierte Architekturen mit Web Services: Konzepte – Standards – Praxis*, 1. Auflage. München: Spektrum Akademischer Verlag, 2005

[Fen+07]

FENSEL, Dieter; et al.: *Enabling Semantic Web Services.* 1. Auflage. Berlin: Springer-Verlag, 2007

[FiWe07]

FISCHER, Stefan; WERNER, C.: *Towards Service-Oriented Architectures.* In: STUDER, Rudi; et al. (Hrsg.): *Semantic Web Services.* 1. Auflage. Berlin: Springer-Verlag, 2007

[Hit+08]

HITZLER, Pascal; et al.: *Semantic Web.* 1. Auflage. Berlin: Springer-Verlag, 2008

[Klei06]

KLEIN, Michael: *Automatisierung dienstorientierten Rechnens durch semantische Dienstbeschreibungen.* Karlsruhe: Universitätsverlag Karlsruhe, 2006

[KoLe06]

KONÉ, Mamadou Tadiou, LEMIRE, D. (Hrsg.): *Canadian Semantic Web.* 1. Auflage. New York: Springer-Science+Business Media, 2006

[Lee+06]

JEONGSOO, Lee; et al.: *An Ontology Architecture for Integration of Ontologies.* In: MIZOGUCHI, Riichiro; et al. (Hrsg.): *The Semantic Web: ASWC 2006.* Berlin: Springer-Verlag, 2006

[LeMe08]

DE LEENHEER, Pieter; MENS, T.: *Ontology Evolution: State of the Art and Future Directions.* In: HEPP, Martin; et al. (Hrsg.): *Ontology Management for the Semantic Web, Semantic Web Services, and Business Applications.* 1. Auflage. New York: Springer-Science+Business Media, 2008

[Masa07]

MASAK, Dieter: *SOA? Serviceorientierung in Business und Software.* 1. Auflage. Heidelberg: Springer-Verlag Berlin, 2007

[Pol+06]

POLLERES, Axel; et al.: *Semantische Beschreibung von Web Services.* In: PELLEGRINI, Tassilo; BLUMAUER, A. (Hrsg.): *Semantic Web: Wege zur vernetzten Wissensgesellschaft.* Berlin: Springer-Verlag, 2006, S. 73-88

[Raj+05]

RAJASEKARAN Preeda; et al.: *Enhancing Web Services Description and Discovery to Facilitate Composition.* In: CARDOSO, Jorge; SHETH, A. (Hrsg.): *Semantic Web Services and Web Process Composition.* Berlin: Springer-Verlag, 2005, S. 55-68

[Res+07]

RESSLER, James; et al.: *Application of Ontology Translation.* In: ABERER, Karl; et al. (Hrsg.): *The Semantic Web - ISWC 2007 + ASWC 2007.* Berlin: Springer-Verlag, 2007, S. 830-842

[Rom+06]

ROMAN, Dumitru; et al.: *WWW: WSMO, WSML, and WSMX in a Nutshell.* . In: MIZOGUCHI, Riichiro; et al. (Hrsg.): *The Semantic Web: ASWC 2006.* Berlin: Springer-Verlag, 2006

[ReSt04]

REICHERT, Manfred, STOLL, D.: *Komposition, Choreographie und Orchestrierung von Web Services – Ein Überblick.* In: EMISA Forum, Band 24, Heft 2, 2004, S. 21-32

[ShSe03]

SHET, Amit; SEGAMIX, Inc.: *Semantic Web Process Lifecycle: Role of Semantics in Annotation, Discovery, Composition and Orchestration.* In: *Invited Talk, WWW 2003 Workshop on E-Services and the Semantic Web.* Budapest, 2003.

[StTi07]

STARKE, Gernot; TILKOV, S. (Hrsg.): *SOA-Expertenwissen: Methoden, Konzepte und Praxis serviceorientierter Architekturen.* 1. Auflage. Heidelberg: dPunkt Verlag, 2007

[Syc+03]

SYCARA, Katia; et al.: *Automated Discovery, Interaction and Composition of Semantic Web Services.* In: *Journal of Web Semantics* (2003), Nr. 1, S. 27-46

[Wee+05]

WEERAWARANA, Sanjiva; et al.: *Web Services Platform Architecture.* 2. Auflage. Upper Saddle River: Pearson Education, Inc., 2005

[Wich07]

WICHMANN, Gabriele: *Entwurf Semantic Web: Entwicklung, Werkzeuge, Sprachen.* 1. Auflage. Saarbrücken: VDM Verlag, 2007

Elektronische Quellen

[Akk+05]

AKKIRAJU, Rama; et al.: *Web Service Semantics - WSDL-S* http://www.w3.org/Submission/WSDL-S/ 10.04.08

[Bat+05]

BATTLE, Steve; et al.: *Semantic Web Services Framework (SWSF) Overview* http://www.w3.org/Submission/SWSF/ 28.03.08

[Dim+04]

DIMITRU, Roman; et al.: *ESSI WSMO working group* http://www.wsmo.org/ 28.03.2008

[Know04]

KNOWLEDGE MEDIA INSTITUTE: *Internet Reasoning Service* http://kmi.open.ac.uk/projects/irs/ 28.03.2008.

[Mart04]

MARTIN, David; et al.: *OWL-S: Semantic Markup for Web Services* http://www.w3.org/Submission/OWL-S/ 28.03.2008

[McG+04]

MCGUINNESS, Deborah L.; et al.: *Web Ontology Language Overview* http://www.w3.org/2004/OWL/ 29.03.2008

[PrSe08]

PRUD'HOMMEAUX, Eric; SEABORNE, Andy: *SPARQL Query Language for RDF* http://www.w3.org/TR/rdf-sparql-query/ 28.03.2008

[Tan+03]

TANGMUNARUNKIT, Hongsuda; et al.: *Ontology-based Resource Matching in the Grid –
The Grid meets the Semantic Web* http://epicenter.usc.edu/docs/iswc03.pdf 07.04.2008

[Worl04]

WORLD WIDE WEB CONSORTIUM: *Resource Description Framework (RDF)*
http://www.w3.org/RDF/ 28.03.2008